黄荣华（Eva Wong）女士

澳大利亚新英格兰大学咨询学硕士，人本教练研究中心创始人，公益活动"成长心连心"创办人。著有《人本教练模式》及配套系列效率手册、《凡尘中开悟》等。

梁立邦（Lawrence）先生

拥有文学学士、企业管理硕士及心理学硕士学位，目前为人本教练研究中心教练。著有《人本教练模式》及配套系列效率手册、《懒猪不二》、翻译作品《教练技术：教练学演变全鉴》。

九点领导力的训练是一个心态调适的过程,是一段心灵的旅程,这段旅程可能不是一帆风顺的。当你有任何需要时,都可到我们的网站寻求专业教练的帮助,我们的网址是:

www.rencoaching.com。

人本教练模式系列效率手册

九点领导力之
/共赢篇/

[加]黄荣华　[加]梁立邦 著

浙江工商大学出版社
ZHEJIANG GONGSHANG UNIVERSITY PRESS
·杭州·

图字：11—2024—323

图书在版编目（CIP）数据

九点领导力之共赢篇／（加）黄荣华,（加）梁立邦著.－－杭州：浙江工商大学出版社，2024.8.－－（人本教练模式系列效率手册）.－－ISBN 978-7-5178-6071-6

Ⅰ.C933-49

中国国家版本馆CIP数据核字第2024R8D474号

九点领导力之共赢篇
JIUDIAN LINGDAOLI ZHI GONGYING PIAN
[加]黄荣华　[加]梁立邦 著

策划编辑	郑　建
责任编辑	徐　凌
责任校对	沈黎鹏
封面设计	亢莹莹
责任印刷	包建辉
出版发行	浙江工商大学出版社
	（杭州市教工路198号　邮政编码310012）
	（E-mail：zjgsupress@163.com）
	（网址：http：//www.zjgsupress.com）
	电话：0571-88904980，88831806（传真）
排　版	亢莹莹
印　刷	文畅阁印刷有限公司
开　本	880mm×1230mm　1/32
印　张	5.25
字　数	95千
版印次	2024年8月第1版　2024年8月第1次印刷
书　号	ISBN 978-7-5178-6071-6
定　价	48.00元

版权所有　侵权必究
如发现印装质量问题，影响阅读，请和营销发行中心联系调换
联系电话　0571-88904970

目录

第一部分 　**理论介绍**

01　关于效率手册　　/ 003

02　关于共赢　　/ 007

03　行前测试　　/ 015

第二部分 　**具体操作**

01　成功蓝图指引　　/ 019

02　每日潜意识对话指引　　/ 020

03　练习流程　　/ 022

04　单元（一）　　/ 025

05　单元（二）　　/ 036

06　单元（三）　　/ 058

07 单元（四） /074

08 单元（五） /086

09 单元（六） /110

第三部分 **总结补充**

01 总结 /149

02 应用 /151

附录 /159

参考文献 /163

第一部分

理论介绍

关于效率手册 01

共赢能力五步曲

祝贺你选择了这本《共赢》，这表明你已迈出了释放你的共赢能力的第一步。接下来，简单地说，只需五步，3个月后，你会发现，你的这种与生俱来便拥有的共赢能力将会完全得以发挥！

>>>第一步 选择本效率手册

你已完成了！

>>>第二步 共赢能力测试

你可登录人本教练研究中心网站 www.rencoaching.com，测试你对共赢能力的运用情况，根据这份测试报告，来设定、

检视及修正自己的目标和行动计划。

>>>第三步 描绘成功蓝图

成功蓝图是你人生的愿景,是你人生价值的进阶图。这一步非常重要,成功只属于那些愿景清晰、强烈且有承诺的人。

>>>第四步 按部就班

你只需要跟随本效率手册的进度,认真练习,就能培养共赢能力,脱胎换骨,踏入人生的另一个阶段。

>>>第五步 成功总结

祝贺你,又有了一次人生成功的体验!这是成功的一刻,是开心的一刻,你的心里一定有很多的感受,把它写下来,然后,尽情地享受这美妙的时光吧!

重要建议

"人本教练模式系列效率手册"共有九本,根据人本教练模式的理论,九点领导力的起点是激情,有了激情,然后做承诺,采取负责任的态度,欣赏身边的一切,心甘情愿地付出,信任他人,开创共赢的局面。这些过程会激发更大的激情,从而感召更多的人参与,创造更多的可能性。(详见《人本教练模式》,北京联合出版公司2017年版。)你可以按照此顺序进行领导力训练。

九点领导力训练是一个心态调适的过程,是一段心灵的旅程,这段旅程可能不是一帆风顺的,当你有任何需要时,可到我们的网站寻求专业教练的帮助,我们的网址是:www.rencoaching.com。

共赢能力应用篇

教练是一门通过完善心智模式、调适心态来发挥潜能、提升效率的管理技术。通过调适信念和心态，在过程中寻找自己的答案，拟订行动计划，以创造符合目标的未来。教练在调适阶段发挥作用，教练是调适的有效工具。（详见《人本教练模式》，北京联合出版公司 2017 年版。）

关于共赢　02

人本教练模式

　　市场上经常爆发的价格战，就是一种"我赢你输"的策略。同一行业的两家企业往往会把设定低价作为自己唯一的战略，采取对抗的方式来相互竞争。本来它们对抗的初衷是"我赢你输"，结果却以拼命降价、相互毁灭告终。之后，很多企业开始觉醒，明白"我赢你输"的结果只能是双输，于是它们变得聪明起来，大家开始在服务及产品差异化等方面展开竞争。在市场经济的环境下，竞争者不可能只有两家，双赢必定走向多面的共赢。近几年，行业联盟、行业保护协会等的相继出现，就是追求社会和企业共赢的结果。

输赢心态就是共输的心态

只论输赢的人，只会选择对自己最有利的策略，而不考虑社会或其他对手的利益。每个追求利己行为的人最终的结局都是对所有人不利。原本打算利己，结果却是损人不利己，得到的结果是双输。

在企业的经营策略中，有一项是共心力。共心力的基本原理是，两人合力大于两人之力相加的总和，即"1+1>2"。共心力在企业经营中代表了不同企业在某些业务上的合作，比如两家企业在相近的地理位置上经营着同一项业务，就可以考虑使用同一个物流系统，一次性运输相同的货物，避免资源重叠。这种共心力可以使企业节省经营成本，最终达到共赢的目的。这两家企业合作所产生的共心力，会比它们单独产生的效能总和高得多，这就是"1+1>2"的道理。

共赢给双方甚至多方带来了胜利。根据经济学理论，生产成本会随着企业规模的扩大而减少。如果企业的固定成本可以进行更大的分摊，令其每单位的生产成本降低，那么就可以解决生产成本不足的问题了。这就是共心力背后的道理。同样，合作可以使成本降低，从而达到人本教练模式中倡导的共赢局面。

共赢是一种心态和取向，必须有一方先主动伸出共赢的橄榄枝，大家才有可能执手合作。心中有气度的领导者，才会有共赢心态；以尊重为出发点的领导者，才可能实现共赢。对外在环境和他人的体谅，是共赢的表现方式。

气 度

作为领导者,你千万不能忽略微小的力量,每一个人都对整体有着不易觉察却又无法估量的影响。你的企业是整个市场供应链上的一个节点。别以为你只是在经营一家属于自己的企业,其实你对世界经济有着不可忽略的影响。只要你从自己的节点顺藤摸瓜,就会发现这个事实。《孟子·尽心上》中说:"孔子登东山而小鲁,登泰山而小天下。"如孟子所言,人所登越高,则所见越广,所视之对象亦越小。眼界高的人志大,眼界低的人志小,这也是"心有多大,舞台就有多大"所说的道理。

领导者的气度决定着他的共赢范围,也决定着他的成就大小。懂得共赢的领导者知道让步,知道以退为进。只有把蛋糕做大了,让别人和社会都获得一部分利益,他才能获得更大的利益。

英国生物学家达尔文在《物种起源》一书中提出了"物竞天择,适者生存"的观点,他认为只有适应世界的物种才可以生存,其他不适应的物种最终都会消失。这是一个绝对的零和游戏(即"零和博弈")。实际上,除了生物层面之外,共赢还存在于其他事物的各个层面。

尊 重

共赢的内在是尊重，尊重与你有关联的多边关系，尊重自己。尊重很重要的一点是不以自己的意志为主，不以自己的意志代替他人的意志，各方之间的关系是一种平等的关系。如果大家对尊重的理解不一致，很可能就会在交往中无意识地做出不尊重的行为。把你对尊重的理解说出来，本身就是对人的尊重。尊重他人，就不会强迫他人；尊重自己，就不会把自己变成依附。共赢必定要通过某种形式把参与方连接在一起，经过沟通确定，赋予对方足够的尊重。只有这样，人们才不会抱怨你得到的利益多，我得到的利益少，共赢的局面才能够长期存在。

在管理学中，威廉·大内（William Ouchi）提出了Z理论的超人性化管理模式。超人性化管理模式的内容是尊重员工本身的需要，强调个人的潜能发展，希望员工做他希望做的工作，尊重员工的意愿，不会强迫他去做不想做的事情，这也是日本企业管理的成功之处。Z理论正好对应了人本教练模式里的尊重原则，即管理者不会强迫员工接受管理者本身的意志，不会以自己的意志作为交换条件，绝对尊重自己的员工。

人本主义心理学大师卡尔·罗杰斯（Carl Rogers）提出了无条件正向尊重的概念，他认为人们只有无条件地尊重别人，才能

使人觉得这是在真正关心这个人。无条件正向尊重就是以至诚的心去尊重他人,而不管他人是什么样的。罗杰斯所谈到的尊重是对他人绝对的尊重,正如人本教练模式所描述的一样,真正尊重他人的人不会以自己的意志去代替别人的意志,不会去强迫别人。罗杰斯认为,人只有在无条件正向尊重的情况下才可能健康地成长。另外,《孟子·离娄章句下》提到了"君之视臣如手足,则臣视君如腹心;君之视臣如犬马,则臣视君如国人;君之视臣如土芥,则臣视君如寇仇"。这句话的意思是,只有先尊重他人,才可能得到他人的尊重。等到大家都能互相尊重的时候,共赢的局面也就随之产生了。

体 谅

　　体谅，就是承认人与人之间的差别，站在别人的角度考虑问题。孔子说："君子和而不同，小人同而不和。"君子因肯定差异而达到和谐的状态，小人因否定差异而错失和谐的局面。而共赢的目的，就是在和谐之中各取所需。

　　在管理上，有"人群取向"和"任务取向"两种领导风格。"人群取向"的领导以体谅为导向，善于给员工提供令人愉快和满意的工作环境。"任务取向"的领导以绩效为导向，倡导创造高效率的工作风气。共赢正好为这两种不同的领导风格创造了汇合点，领导者只要期待共赢，这两种风格就会自然结合，并产生强大的团队效应。

　　在西方的辅导学理论中，同理心是一个重要的辅导技巧。同理心就是把脚穿进别人的鞋子，从别人的角度理解问题。只有用同理心去理解别人，才会令人觉得你是真正了解他的。同理心就是真正的体谅，运用同理心才能体现出共赢的心态。

　　1945 年，俄亥俄州立大学提出了上面这两种管理风格。如前所述，"人群取向"的领导者会关心员工的情绪及幸福感，其主要的作用是支持员工，令员工本身得到满足。而"任务取向"

的领导者会清晰地界定自己和员工的角色,其着眼点在于员工的工作效率及进度。研究发现,"任务取向"的领导者会面对较高的员工流失率和较高的工作不满率。这项研究正好与人本教练模式的理念相吻合,只有体谅别人的领导才可以使员工的工作满意度提升,从而创造共赢的局面。

行前测试

现在，请你先登入 www.rencoaching.com 完成自我测量表。

自我测量表指引（网上测试）

第一次测试在使用效率手册之前，建议你现在就用不超过10分钟的时间去测试，第二次测试在3个月后你成功的那一天。

需要提醒你的是：最佳的测试是用你的直觉来判断的，请跟随直觉来回答而不是依靠分析或他人的引导，只有你最了解你自己。

第二部分

具体操作

成功蓝图指引 01

成功蓝图是你人生的大方向，是你人生的价值，是你人生的愿景。

这一步非常重要，成功只属于那些愿景清晰、强烈且有承诺的人。请把你的愿景用最形象的图画、最激动人心的文字、最绚丽的色彩描绘出来。

在接下来的3个月中，它会时刻激励着你、鼓舞着你，为你指明方向。3个月后，你会惊讶地发现，你的愿景有多清晰、多强烈，你就会有多成功！

在人的一生中，成功蓝图也许只需描绘一次，也许随着时间的推移和自我的成长，需要重新描绘。然而，它仍将是你当前所设定的人生大方向。在这3个月中，或许你还在同时训练其他几点领导力，而成功蓝图在其中都是唯一和独特的。

02 每日潜意识对话指引

你每天只需要任选一个时段,用 15 分钟时间,在一个安静舒适的地方和潜意识沟通,并持之以恒。3 个月后,你会发现你的进步如此神速!

现在,你已设定了之后 3 个月想要达到的目标,也很清晰地知道每天的行动方向。

下面,先用一句话来表达你这 3 个月要达成的目标,在你与潜意识对话的过程中需要这句话。不要用否定或负面的词语,也不要用"我想""我希望"等将来时词语,而是直接说出 3 个月后你会成为怎样的人。

例如,你的目标是"我要与 A 公司进行合作,达到共赢",那么,你可以这样表达:"我要与 A 公司进行合作,共同赢取更大的市场占有率！"然后，把这个目标写在下面的横线上，并熟读几遍。

．．．
．．．
．．．
．．．
．．．
．．．
．．．
．．．
．．．

当你准备好了，就可以开始这重要的一步了。

注意：你的对话内容需要有明确的日期、明确的人物或事项，以及明确的成果。

03 练习流程

在未来12周的练习时间里，本效率手册将协助你提升个人的共赢能力。在你发挥共赢能力之前，你需要在单元（一）里（第1周至第2周）了解共赢的威力，以及阻碍你达到共赢的心态。

然后，在第3周至第12周，你将通过几项有针对性的练习增强你的共赢能力。在单元（二）里（第3周至第4周），你将从企业与员工的角色，以及博弈理论出发，了解人们能够达到共赢的原因；在单元（三）里（第5周至第6周），你将通过商场价格战和博弈理论，了解气度的重要性，并训练自己的气度；在单元（四）里（第7周至第8周），你将通过几个典型的个案，更加深刻地体会和认识气度的重要性；在单元（五）里（第9周至第10周），你将加深对尊重的认识和理解；在单元（六）里（第11周至第12周），你将对体谅有更深的了解。

在使用本效率手册之时，你需要先反省自己的内心，了解自己是否存在一些阻碍达到共赢的因素。然后，你需要从自己的身份（雇主或雇员）出发，了解自己对别人的要求，并学会易地而处，站在对方的立场上来了解他的要求，再反思现在彼此的关系是否合适。

当你了解世上万事万物都是互相依赖的关系后，你便能感知到共赢是人们唯一的选择。接着，你需要在博弈理论、商场的价格战、环保与经济发展的课题内，进行一次深刻的反思，明白气度是达到共赢的首要条件。最后，你要反省在日常生活中自己有没有表现出尊重和体谅，如果没有的话，你需要在最后的 4 周中加紧练习，以完成提升共赢能力的训练。

本效率手册的学习目的

增强共赢的能力并达到共赢；

了解需要达到共赢的原因；

了解气度的重要性；

加深对尊重的认识；

对体谅有更清楚的了解。

单元（一） 04

韩国在亚洲金融危机中的启示

大家还记得 1997 年的亚洲金融危机吗？当时韩国的经济大受影响，市况萧条。韩国全国上下同心应对，企业内从领导到员工一律减薪。首都的居民甚至将自己的金饰无偿捐给了国家，以解燃眉之急。随着全国人民的尽心投入，韩国的经济逐渐走出了谷底。由此可见，当困难来临时，只要大家全力以赴，不计较个人得失，就必定能共渡难关。

你觉得韩国人民因为什么能够上下一心、共渡难关？

_____

_____

第二部分　具体操作

你认为韩国的例子能够体现共赢吗？原因何在？

☐ 能，请详列原因：

☐ 不能，请详列原因：

你认为韩国人民在亚洲金融危机中的做法能够体现他们对国家的爱和信任吗？

☐ 能，请详列原因：

··
··
··
··
··
··
··
··
··
··
··
··
··
··

☐ 不能，请详列原因：

你认为是什么因素导致人们不能达到共赢的局面？

你认为下面哪些因素导致人们不能达到共赢？（可选择多个选项。）

☐ 嫉妒

☐ 想赢取第一

☐ 你赢就相当于我输

☐ 任何游戏都会有输赢

☐ 输要输得光荣

☐ 唯我独尊

☐ 其他

请详列原因：

....
....
....
....
....
....

小结：共赢的基础是人与人之间的爱和彼此的信任，而沟通则是建立爱和信任的方法。

当你全神贯注地想着如何赢过他人时,你已放弃了提升自己的机会。这意味着你将自己的心思意念全部投放于如何拿取他人手上的资源,使自己成为赢家,将其他人变成输家上了。这时,你已将注意力放在别人的身上,而不是自己的身上,这样一来,你将永远不能改进自己。

当你嫉妒时,你在想什么?

当你想赢取第一时,你在想什么?

当你在想"你赢就相当于我输"时,你在想什么?

....
....
....
....
....
....
....
....
....
....

你有没有想过,人世间除了嫉妒别人的成就、竞逐第一、"你赢就相当于我输"的情况外,尚有其他模式:共赢。共赢就好比与其他人同走一路,互相扶持。你只会希望别人与自己一同进步,而不会介意谁比谁更优秀。在共赢的情况下,你赢就是我赢,大家互相激励,互相进步。

05 单元（二）

企业老板与员工

企业老板与员工在思考双方的利益时，难免会存在"你赢就相当于我输"的认知。假如你是一家企业的老板，你会如何安排员工的待遇呢？

企业老板

工作：你会如何安排员工的工作？你会要求员工替你完成你的私人事务吗？

薪金：你每隔多久调整一次员工的薪金？当企业获得利润时，你会主动与员工分享吗？

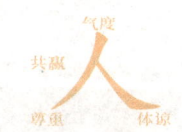

福利:你会给予员工更多的福利吗?例如医疗补贴、房屋补贴和交通补贴等。

培训：你会为员工提供在职培训吗？如果员工报名学习与工作无关的其他课程，你还会提供补贴吗？

其实，员工报名学习任何课程都会得到启发，这些启发有可能对他的工作有利，所以最后的受益者也包括企业本身。例如，员工学习一些有关哲学的课程，可能会从这些哲学课程中学会批判性思考，从而提升企业的创造力。

请你现在易地而处，从员工的角度思考，你对企业有什么要求？

对于上面的问题,你填写了什么答案?你可能希望员工每天都加班工作、任劳任怨;希望公司业绩蒸蒸日上,员工的薪金年年维持不变;希望员工除了领取薪金外,不要求任何公司福利;希望只给员工提供与职务有关的培训,其他的进修开支则一概不管。你有没有想过,如果你的公司真这么做了,你的员工会是怎样的?员工会对公司毫无归属感。当经济景气时,他们纷纷另谋高就;当经济不景气时,他们会勉强留在公司,伺机而动。你的公司永远挽留不住人才,需要年复一年、日复一日地招聘和培训员工。最后,没有人愿意加入你的公司,公司的业绩会不断下滑。

企业员工

工作：你对工作有什么要求？你会不会只希望做自己分内的事情？当老板要求你做额外的工作时，你的感觉如何？

薪金：你认为企业应该每年给员工加薪吗？企业需要每年按业绩分发奖金吗？

福利：你希望获得怎样的福利？例如医疗补贴、房屋补贴、交通补贴等。现在员工们的工作压力越来越大，你希望企业为员工提供心理咨询服务吗？

培训：你希望企业提供什么类型的培训？如果你打算提升自己的英语水平，选择报名英语学习课程，你希望企业提供这部分的补贴吗？

对于上面的问题，你填写了什么答案？你可能希望自己只做分内的事情，而不愿意做任何额外的工作；希望老板不论公司的业绩如何，每年都会主动给员工加薪；希望老板每年都提供医疗补贴、房屋补贴、交通补贴和个人成长培训；希望无论员工报名什么课程，公司都提供补贴支持。你有没有想过，如果公司真的这样做，那么公司的未来会是怎样的？你只愿意做自己分内的事情，公司会为了满足你的要求而不断增加支出，最终导致入不敷出。于是，公司的规模开始萎缩，直至倒闭，你的生计也成了问题。

博弈论——囚徒理论

博弈论是一种思考策略,以对他人的行为的猜测为判断的依据。在这个理论模型中,有三个必须成立的基本要素:

(1)要有游戏主角;

(2)存在不同的策略;

(3)每种策略都有不同的报酬。

博弈类型有许多不同的区分方式,下面是常见的几种。

第一种,按策略的数目分为:

(1)有限博弈;

(2)无限博弈。

当相互竞争的策略是有限组合时,称之为有限博弈;当博弈的策略为无限多种组合时,则称之为无限博弈。

第二种,按报酬的多少分为:

(1)零和游戏;

(2)非零和游戏。

所谓零和游戏，是指在一场博弈中，一方报酬为正，另一方报酬为负，但正负相抵，报酬的总和永远为零。也就是说，有一方为赢家时，必有一方为输家。相对地，在非零和游戏当中，双方的收益也是有的，但两者总和不为零，也就是说，在这种情况下没有绝对的输赢之分。

囚徒理论是博弈理论中的一个典型的游戏状态，指的是参与者在互相猜测对方行为的前提下，皆会选择不合作，从而导致对自己不利。囚徒理论是如何形成的呢？假设两个囚犯因为涉嫌盗窃而遭到警方逮捕，为了避免两人互通信息，相互串供，警方特意对他们进行隔离侦讯。

警方为了使他们承认罪行，承诺如果其中一个人愿意出卖另一个人，供出真相，就能获得减刑的机会，承认的人只需要坐2年牢，不承认的人要坐10年牢。如果两个人都不承认，就不会被警方起诉。如果两个人都承认了，则会一起坐5年牢。

两名囚犯各自盘算，最后他们会做出什么选择呢？

看起来，如果两个人都不承认，对双方来说是最有利的选择。但问题是，大多数人不会这么做。囚徒甲会想，只要同伴不出卖自己，自己先承认了，自己就只需要坐2年牢。当然，对方肯定也是这么想的，所以先承认了，也免得对方先自己一

步推卸责任。因此对囚徒甲而言，无论对方承认与否，他都最好对警方坦白。同样地，囚徒乙也会进行相似的思考。结果就是两个人都承认了罪行，双双被判坐5年牢，反而使双方都处于最不利的情形中。

根据囚徒理论，试想在过去的人生中，你有多少次在与身边的人竞争时，一定要取得胜利。你是否为了获取胜利，每次争吵时都不惜伤害对方，甚至伤害自己？你有想过和对方达到共赢的结果吗？

请你把自己深刻的经历及感受以图像、文字等方式记录下来。

图像

文字

蓝海——打造没有竞争的世界

在市场上，一家企业必然会面临各种不同的竞争。不过，有多少家企业可以看到竞争背后的真相呢？很多企业只会使出浑身解数把竞争对手打垮，从而增加市场占有率，努力把经营额拉到最高。《人本教练模式》一书中提及，很多时候企业间的竞争都是恶性的，因为竞争的焦点大多集中于低成本、低价格，结果只会恶性地不断使价格降低，甚至最终把价格降为零，导致共输的局面。

蓝海策略（Blue Ocean Strategy）理论是由位于法国的欧洲工商管理学院（INSEAD）的两位教授 W. 钱·金（W. Chan Kim）与勒妮·莫博涅（Renée Mauborgne）合作提出的。该理论源于对企业策略行动的分析，他们发现，大多数企业的策略都以竞争为主，这种策略形成了"血流成河"的红色海洋。

在红色海洋中，相互竞争的企业必须付出昂贵的代价，因为大家都秉持着相同的"最佳做法"法则。企业有公认的明确界线，也有一套共通的竞争法则。在这里，企业都试图表现得比竞争对手更好，以求掌握现有需求，控制更多的占有率。但随着市场空间越来越拥挤，营利和成长的空间也变得越来越狭窄，"割喉"战术把红色海洋染得更加血腥。

在这种情况下，企业可以选择的策略只有一个，即追求差

异化或低成本，在现有市场空间内利用现有需求打败竞争对手。企业把全部心思放在红色海洋上，就等于接受了蕴含战争限制因素的策略：在有限的地域内必须击败敌人，才能获得成功。

由此，W. 钱·金与莫博涅于2004年提出了蓝海策略，蓝海策略是指创造一个没有竞争的市场空间。蓝海即无限大的市场空间，在这里，企业可以不以竞争为手段而得到自己需要的东西。蓝海策略的重点不在于竞争，而在于为顾客创造价值。

蓝海策略提倡的是"不靠竞争而取胜"。如前所述，竞争的下场就是"血流成河"（红海），一般企业家用到的都是红海策略，他们只会极力把竞争对手打垮，并坠入红海策略的恶性竞争中。而蓝海策略里的蓝海是一些未经开发的处女地，这些地方其实一直存在。试想一下，100年前有多少人能想到，汽车、航空等行业有如此庞大的市场呢？你又是否想过，10年之后的市场会是什么样的？

在蓝海策略中，开发那些未被开发的市场空间被称为"价值创新"，其目的是为消费者创造新的价值，令竞争者无法赶上。

价值创新是一项不涉及竞争的商业策略，你也许会觉得奇怪，如何在一个竞争激烈的市场内确保自己避开竞争呢？答案是：因为市场是无限大的，开发新市场使企业不需要与既有的竞争者做直接的对抗，就有可能产生共赢的局面。因为蓝海策略的目的是为顾客创造价值，所以会特别重视对新市场的开发，这间接使市场竞争变得不那么重要了。

蓝海策略正好缔造出一个共赢和谐的社会，新市场的开发减少了血腥的红海战争，《人本教练模式》中提出的共赢就是人们在和谐中各取所需，故共赢是令世界和谐的不二法门。

如果现在让你为自己的企业订立一套商业策略，你会怎样订立呢？另外，你会怎样利用蓝海策略去促进共赢？

你设计的共赢的图像是怎样的？试着把这个图像画在下面的方框内。

06 单元（三）

气 度

当你完成本部分的练习后，你将会学到：

- 纵使很小的事情也会产生很大的影响；
- 培养"众乐乐"的气度；
- 了解到坚持分出输赢的心态等于双输。

首先，请你完成下面的检视。

1. 我认为前台文员的工作：

   ☐ 是企业内一个不重要的职位；
   ☐ 对企业的利润影响很小；

☐ 很重要，因为前台文员有机会接触顾客，所以会对企业产生比较大的影响；

☐ 其他。

2. 我对环保的态度如下，因为：

☐ 支持环保，纵使很少的污染也会影响人们的健康，甚至影响下一代；

☐ 不支持环保，环保会让我感觉很麻烦；

☐ 其他。

3. 当竞争对手的价格比我低时，我：

☐ 会打价格战，击退对手；

☐ 不会有任何改变，以不变应万变；

☐ 会与对手商讨共赢的策略；

☐ 其他。

心有多大，舞台就有多大

混沌理论源于对气象学的研究。该理论发现，只要最初的数据有轻微的不同，最后得到的结果便会大大不同。而最初的这个轻微的不同，在当年的气象研究中可能只是几个小数位的差异。这种由细微的差异引发巨大的不同的现象，在混沌理论中被称为蝴蝶效应。

蝴蝶效应带给人们的另一个启示即事物和事情之间的关系往往比人们所理解的更复杂和微妙。人们以为不相关的事情，最终却会互相影响。所以，你今天对待别人的每一个细微的行为，如一个微笑、一声道谢，或是对别人的叱喝、谩骂，所影响的不仅是你和他两个人，还可能包括两个家庭的成员，甚至是整个社会。

另外，我们也可以从环境保护的角度来分析。在日常生活中，我们每天都在消耗地球上的资源。你可能为了自己一时的方便，将用完的塑料瓶随便丢弃在路边。下雨时，雨水会注满瓶子。待天晴后，如果没有人及时处理掉塑料瓶，蚊蝇等就会在瓶子里产卵，并引致蚊患、蝇患。当初你因一时之快所导致的对环境的破坏，其后果可能会远超你的想象。

你认为是什么心态使人们为了一时之快,只盘算自己的得失,而不顾他人的权益?(你可选择下面多个符合你想法的答案。)

☐ 怕吃亏;

☐ 推卸责任;

☐ 爱。

上面的答案中除了爱外,怕吃亏和推卸责任也是造成人们缺乏气度的主要原因。只要每个人得为自己负责,不怕吃亏,世界就会变得不同。

现在,请你评估一下自己有关气度的分数。(1分——最小气度,例如,我的目光很短浅,不能看到共赢。5分——最大气度,例如,我可以与众同乐,达到共赢。)

```
    1     2     3     4     5   (分)
最小气度                         最大气度
```

商场混战

假设有两家实力相当的大型连锁店。现在甲连锁店打算采用低价策略来增加市场占有率,但不巧这个消息被乙连锁店知道了。请你从甲乙双方各自的立场,来推测一下事态会如何发展。

甲连锁店

价格策略:你会挑选几种畅销的产品降价打价格战,还是采取全部打折的方法?

时限： 你预估价格战会持续多久？你要把市场占有率扩大到多少才会罢休？或是直至打垮乙连锁店才停手？

乙连锁店可能出现的反应： 乙连锁店会跟你一起降价，还是完全没有反应？

获胜机会： 你认为你可以最终胜出吗？你有什么胜出的方法？

乙连锁店

应对策略：不论你是事先得知甲连锁店要降价，还是看到对方降价后才知道。

时限： 你认为这场价格战会持续多久？你会主动和对方谈判吗？

甲连锁店可能出现的反应：甲连锁店会因你的策略做出怎样的反应？是跟你方谈判，还是进一步降价？

获胜机会：你认为你最终能胜出吗？你有什么得胜的方法？

如果你是甲连锁店，乙连锁店与你实力相当，你是否想过这场价格战的最终结果呢？

《人本教练模式》中提到,价格战是"共输"的根源。那么,有什么营销策略可以达到甲乙双方共赢呢?

博弈论——价格理论

在不完全垄断市场中,厂商间会采取联合垄断的方式,彼此协商限量或限价,形成独占组织以全面掌控市场。虽然在互相合作中,大家似乎都能各得其利,但厂商会在独自取得最大利润和维持合作、共同获利的两难间摇摆,因此会出现囚徒理论的情况。如果其中一家厂商为追求利益极大化,违反了限量规定,私自增加产量,想多卖一点,那么他就会破坏合作的协议,以及大家一起获利的目的。此举必然会引起遵守规定的厂商的不满,并借由降低产品价格一段时间作为处罚,希望以此消除破坏规则厂商的短期获利。结果就跟囚徒理论的预测一模一样,由于对彼此不够信赖,反而没有一家公司获利。

假如有两家公司相互制订定价策略。甲公司认为只要价格降低,就可以顺利抢到一半的市场占有率。于是,甲公司决定降低价格来做促销。没想到乙公司也听闻了这个消息,决定跟进降价。甲公司并不认输,为了顺利抢夺市场,不惜再次降价,双方由此打起了价格战。如果双方已经知道这是最后一个回合,不可能再以降价抢夺市场的话,那么这两家公司必定会在此时的价格战中欺骗对方。结果,不会有人知道这场你来我往的价格战何时会结束。

若这两家公司持续进行以牙还牙的定价策略,双方必然会因入不敷出而不再跟进对手的价格，并开始各自定价。这样，双方就会在这个游戏的第一回合里反复。由此可知，对企业来说，以牙还牙不是理性的决策，这样的结果会形成和囚徒理论一样的结论：没有一方会获得最有利的局面。因此，当预期商场上的竞争策略将无限重复时，我们可以得出：合作或许是对双方都有利的结果。

07 单元（四）

环保与经济发展的冲突

假如你经朋友介绍，认识了一位在中国投资的外国朋友。在一次共进晚餐的过程中，你与这位外国朋友谈到了他的生意。以下是他的谈话内容，你听到后会怎样回答？

外国朋友：现在在中国经商，规则越来越多，除了工资成本急速上升外，又开始实施环保限制。我所经营的计算机废料回收这一行感觉很难经营下去了。我们公司的主要业务是将这些废料运到中国，并在一个空置的地方将这些废料处理掉，然后将其中有价值的配件回收，那些不能回收的则当场焚烧。

听完这段话后，你的感受是：

（这是你内心的感受，不用说给这位外国朋友听。）

你给他的回应是：

（你要对这位外国朋友说的话。）

外国朋友：我每个月都有七八个货柜运往中国，如果管控还是这么严格，我早晚会将这门生意迁往其他管控不太严的地方，如越南、马来西亚和菲律宾等地。那时你们中国每年会少赚84-96个货柜的运输费。如果我的其他伙伴也将他们的生意一起撤走，那么你们的损失将会更大。

听完这段话后，你的感受是：

（这是你内心的感受，不用说给这位外国朋友听。）

你给他的回应是：

（你要对这位外国朋友说的话。）

外国朋友：我也知道这门生意会破坏环境，但大家都要赚钱生活，这就是代价。除非你们不用赚钱生活，否则也只好忍受环境被破坏这个结果。

听完这段话后，你的感受是：

（这是你内心的感受，不用说给这位外国朋友听。）

你给他的回应是：

（你要对这位外国朋友说的话。）

你认为怎样做才可以达到既能保护环境，又能赚钱生活的目的呢？

共赢来自"众乐乐"的气度,来自"天人合一"的大胸怀。领导者的气度决定着他的共赢范围,也决定着他的成就大小。共赢的领导者知道让步,知道以退为进,只有把蛋糕做大了,让别人和社会都赢,他才能获得更大的利益。

反之,不能共赢的领导者肯定缺乏气度,整天盘算自己的好处。这样的人成不了大事,对社会的影响力和贡献也不可能太大。

——摘自《人本教练模式》(北京联合出版公司2017年版,第87页)

你会如何向这位外国朋友介绍共赢的气度,并让他认同经济增长可以与保护环境共存呢?

你认为这位外国朋友会有怎样的反应?

上面例子中的外国朋友因为没有共赢的心态，所以想的是让环境输、自己赢。的确，他可以利用破坏环境来得到短期的利益。但是，计算机废料含有大量的重金属，如果不及时处理，最后可能会污染土地。而这位外国朋友也有可能会因此吃到对身体健康有害的食物，这绝对是得不偿失的。

进度检视

恭喜你,已经完成了关于气度的练习,现在,请你检视以下有关气度的达成度情况。(请选出符合你的情况的达成度比例,并用圆圈圈出。)

1. 你明白纵使很小的事情也会产生很大的影响。

    达成度

    0%　　　　　　　　50%　　　　　　　　100%

2. 培养"众乐乐"的气度。

    达成度

    0%　　　　　　　　50%　　　　　　　　100%

3. 了解到坚持分出输赢的心态等于双输。

    达成度

    0%　　　　　　　　50%　　　　　　　　100%

08 单元（五）

尊 重

当你完成本部分的练习后，你将会学到：
- 不以自己的意志取代别人的意志；
- 把对尊重的理解说出来；
- 无条件地尊重。

首先，请你完成下面的检视。

1. 当遇到争执时，我会：
   ☐ 坚持己见，抗争到底；
   ☐ 在尊重他人的意见之余不放弃自己的意见；

☐ 听取别人的意见,谋定后动;
☐ 其他。

2. 在与他人相处时,我会:
☐ 尊重他人的需求,避免争执;
☐ 让别人接受我的意见;
☐ 其他。

尊重他人，就不会强迫他人做事；尊重自己，就不会把自己变成他人的依附。

尊重的核心就是通过沟通和理解，接纳每个个体的独特性，不把自己的意志强加在别人的意志之上。

请你评估一下自己在尊重他人方面的分数。（1分——极不尊重，例如，我常常以自己的意志取代别人的意志。5分——非常尊重，例如，我可以尊重自己的意志及他人的意志。）

```
     1     2     3     4     5  （分）
极不尊重                      非常尊重
```

回想过去的一周里,你有没有尊重家人、朋友、同事,或其他与你接触的人。如果有,请在相应的位置打上"√"。

名字	周一	周二	周三	周四	周五	周六	周日
家人( )							
家人( )							
家人( )							
朋友( )							
朋友( )							
朋友( )							
同事( )							
同事( )							
同事( )							
其他人士( )							
其他人士( )							
其他人士( )							

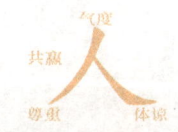

当你不尊重他们时,他们的做法是什么?(请逐一列出,并分别写出他们当时的做法。)

名字	他们的做法

当你不尊重他们时,他们有什么反应?(请逐一列出,并分别写出他们当时的反应。)

名字	他们的反应

请记下你当时的感受。(请分别记下你对他们每个人的感受。)

名字	你的感受

如果有机会重来一次，你会选择如何对待他们？（请分别列出你将如何对待他们。）

名字	你会如何对待

尊重——明白自己是重要的

尊重，首先要明白自己是重要的，其次要发现别人也是重要的。只有当你清楚地知道自己是重要的，你才能明白自己的所作所为给身边的人带来的影响，以及给世界带来的影响。当人有这种自觉之后，就会知道自己是有能力的，同时也会知道别人是有能力的。这样，在认同尊重对方的重要性和尊重所带来的影响力的前提下，双方相互激励，才能创造更大的成果。

如果一个人不觉得自己是重要的，那么这个人就不会重视他的所作所为产生的影响力。当我们尊重自己并尊重他人时，就可以和别人一起缔造出共赢的局面。

当你明白自己是重要的时候，你所做的事情会是怎样的？

当你明白别人同样重要的时候，你所做的事情又会是怎样的？

....
....
....
....
....

如果你拥有尊重自己与尊重他人的心态，你会是一个什么样的人？

....
....
....
....
....

当你明白尊重的重要性后，下一个练习将会帮助你做到无条件地尊重他人。

无条件的尊重

尊重，就是维持双方的平等关系，不给别人施加任何自己的意志。想要做到绝对的尊重别人，你就必须做到无条件的尊重。无条件的尊重就是不论别人如何作为，你都会尊重他。

例如，我不会因为他贫穷而不尊重他，这就是无条件的尊重。

下面的练习将会帮助你真正做到尊重。

试想一个你不尊重的人。

他是谁？

....

他是一个怎样的人？

....
....
....
....

是什么原因使你不尊重他？

例如，他贫穷且学问有限。

....
....
....
....
....
....
....
....

根据以上的说法，你有多尊重他呢？（1分——极不尊重，5分——非常尊重。）

|　　1　　　2　　　3　　　4　　　5　　|（分）
极不尊重　　　　　　　　　　　　　非常尊重

你施加了自己的什么意志给他？

例如，我施加了学问有限就是粗鄙之人的意志给他。

....
....
....
....
....

现在，请尝试把你施加的自我意志抽离出来。之后，你所看到的他是怎样的呢？

例如，我把我施加的自我意志抽离出来后，我发现他是一个勤奋且忠厚的人。

....
....
....
....
....

现在的你有多尊重他呢?(1分——极不尊重,5分——非常尊重。)

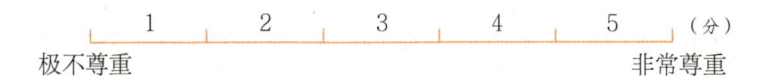

| 1 2 3 4 5 (分)
极不尊重　　　　　　　　　　　　　　　非常尊重

尊重是无条件的,只要把你自己固有的意志抽离出去,你就可以真正做到尊重别人。在未来的一周时间,希望你可以用以上的技巧学会尊重别人。

一周检视

请你回想在过去一周内,你有没有尊重身边的家人、朋友、同事,或其他与你接触的人。如果有,请在相应的位置打"√"。

名字	周一	周二	周三	周四	周五	周六	周日
家人( )							
家人( )							
家人( )							
朋友( )							
朋友( )							
朋友( )							
同事( )							
同事( )							
同事( )							
其他人士( )							

续表

名字	周一	周二	周三	周四	周五	周六	周日
其他人士（　　　）							
其他人士（　　　）							

哪些人是你没有尊重的？

....
....
....
....
....
....
....
....
....
....
....

现在，请你从这些自己不尊重的人当中选出一个人来，完成下面的练习。

你有没有对他施加任何自己的意志？如果有，请把你施加给他的意志详细地写下来。

例如，我以"吸烟就不是好人"来评价他。

如果撇开这个你施加给他的意志,你会怎样看待他?

....
....
....
....
....
....
....

你有多尊重他呢?(1分——极不尊重,5分——非常尊重。)

| 1 | 2 | 3 | 4 | 5 | (分) |

极不尊重　　　　　　　　　　　　　　　非常尊重

从以上练习中,相信你已经能够做到尊重一个人,这是一个很好的开始。在未来的日子里,希望你可以把尊重的心态推己及人,做到对每一个人都无条件地尊重。

以尊重的心态缔造共赢的局面

很多时候，只要每个人都用尊重的心态对待自己和他人，人与人之间的冲突和竞争就可以避免。试从以下的案例中，理解尊重对人们的重要性。

有一对夫妻本来相处得非常融洽，丈夫是一家大企业的负责人，妻子既是他在这家企业中的一位出色的搭档，也是一位称职的主妇，一直承担着相夫教子的责任。其实，妻子一直有一个梦想，就是开一家属于她自己的甜品店。但丈夫得知妻子的愿望后，极力反对。他希望妻子可以一直辅助自己打理生意、照顾家庭。可是，妻子却非常希望实现自己的梦想。结果，他们因这件事发生了争执，最后不欢而散。

角色扮演 1

如果你是这个案例中的丈夫,你会怎样尊重自己的需求?

....
....
....
....
....
....

如果你是这个案例中的丈夫,你会怎样尊重妻子的需求?

....
....
....
....
....
....

如果你是这个案例中的丈夫,当你尊重双方的需求时,你会怎样做以实现共赢呢?

角色扮演 2

如果你是这个案例中的妻子,你会怎样尊重自己的需求?

如果你是这个案例中的妻子,你会怎样尊重丈夫的需求?

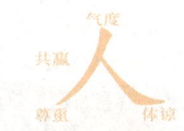

如果你是这个案例中的妻子,当你尊重双方的需求时,你会怎样做以实现共赢呢?

………………………………………………………………
………………………………………………………………
………………………………………………………………
………………………………………………………………
………………………………………………………………
………………………………………………………………
………………………………………………………………
………………………………………………………………

当双方都以尊重自己和尊重他人的心态去处理事情时,共赢的局面便会产生。那时,夫妻双方就可以从对方的角度理解对方的需求,并在真诚的沟通下,共同设计出能够实现共赢的方案。

恭喜你,你现在已有了尊重的心态。当你有了这种心态后,再加上一些体谅,就能最终实现共赢了。

进度检视

恭喜你,已经完成了关于尊重的练习,现在,请你检视以下有关尊重的达成度情况。(请选出符合你的情况的达成度比例,并用圆圈圈出。)

1. 不以自己的意志取代别人的意志。

   达成度

   0%　　　　　　　50%　　　　　　　100%

2. 把对尊重的理解说出来。

   达成度

   0%　　　　　　　50%　　　　　　　100%

3. 无条件地尊重。

   达成度

   0%　　　　　　　50%　　　　　　　100%

09 单元（六）

体 谅

当你完成本部分的练习后，你将会学到：
- 承认人与人之间的差别；
- 站在他人的角度上思考问题；
- 感受到人与人之间的温暖和信任。

首先，请你完成下面的检视。

1. 当下属反对我的决策时，我会：
   ☐ 不理会他，利用权力完成我的决策；

☐ 从员工的角度理解他们的观点；
☐ 其他。

2. 当员工不能完成我所订下的目标时，我会：
☐ 责骂他，因为他没能达到我的目标；
☐ 去了解员工不能完成目标的原因；
☐ 其他。

体谅,就是承认人与人之间的差别,并站在他人的角度上考虑问题。

请你评估一下自己在体谅别人方面的分数。(1分——极不体谅,例如,我完全不能从别人的角度看待问题。5分——非常体谅,例如,我可以从他人的角度看待问题,并体谅他人。)

    1 2 3 4 5 (分)
极不体谅   非常体谅

在你进行关于体谅的练习前,请先看看下面这个小故事。

生活小故事:吐痰

假设你在坐公交车时,发现身旁的人不停地往地上吐痰,这时你心里会想:

(这是你内心的真实感受。)

之后，你会对他说：

（把你内心的感受转化为对他说的话。）

你的转化是：

（你会如何体谅身边这个人？）

你的行动是：

（你做什么可以影响现在这个环境？）

请回想过去一周内,你有没有体谅身边的家人、朋友、同事,以及其他与你接触的人。如果有,请在下表中合适的位置打"√"。

名字	周一	周二	周三	周四	周五	周六	周日
家人(　　　)							
家人(　　　)							
家人(　　　)							
朋友(　　　)							
朋友(　　　)							
朋友(　　　)							
同事(　　　)							
同事(　　　)							
同事(　　　)							
其他人士(　　　)							
其他人士(　　　)							
其他人士(　　　)							

当你不体谅他们时,他们有什么反应?(请逐一列出,并分别写出他们当时的反应。)

名字	他们的反应

请记下你当时的感受。(请分别记下你对每个人的不同感受。)

名字	你的感受

如果有机会重来一次，你会如何对待他们？（请分别列出你会如何对待他们。）

名字	你会如何对待他们

同理心——做到体谅之技巧

体谅，就是站在别人的角度，承认人与人之间的差别。如果你能设身处地从他人的角度看问题，你就是真正做到了体谅。

你已经在前面列出了一些你没有体谅的人。现在，请你从这些人中选出一个来。

他是谁？

....

他是一个怎样的人？

....
....
....
....
....
....
....

你为什么没有体谅他?

例如，因为他没有还清我借给他的钱。

....
....
....
....
....
....
....
....
....
....

根据上面的说法，你有多体谅他呢？（1分——极不体谅，5分——非常体谅。）

| 1 | 2 | 3 | 4 | 5 |（分）
极不体谅　　　　　　　　　　　　　非常体谅

如果现在你尝试变成他，并用"我就是他"的心态看待这件事，你会看到什么？

例如，我会看到他的生意失败。

....
....
....
....
....
....
....
....
....

所以，现在的你有多体谅他呢？（1分——极不体谅，5分——非常体谅。）

| 1 | 2 | 3 | 4 | 5 （分） |

极不体谅　　　　　　　　　　　　　　　　　非常体谅

如果你现在已经可以体谅他,那么你看到什么后,会更体谅他呢?

恭喜你,你已经学会了体谅的重要技巧。接下来,你将会尝试利用你的共赢心态去帮助你的企业发展壮大。

体谅员工的管理——令公司的运行更有效率

据研究显示,"人群取向"的管理比"任务取向"的管理更能减少员工的不满,也更能减少员工的流失,帮助公司节省一定的成本。接下来,你将学习如何体谅员工,使你的公司更有效率。

在你的公司内,你倾向于用"人群取向"还是用"任务取向"来管理你的员工呢?

☐ 人群取向(着重于支持员工,关心员工的心情和心理健康);

☐ 任务取向(着重于工作的效率);

☐ 两者都用。

从今天起,你将会尝试体谅你的员工,令你的公司在运行时更有效率。现在你可以设定本周体谅员工的目标,在设定目标前,请你阅读附录中有关 SMART 系统的介绍。

目标设定指引

所谓目标设定,在这里是指根据你的人生愿景,设定在某一阶段内所要做到的事或达到的效果,包括具体每一步该怎样去做的过程。

现在,你可以定下你的目标及行动计划。

例如,我的目标是支持某位员工,我的行动计划是先去了解他现在面临的困难,然后再有针对性地去帮助他。

目标	行动计划
1	
2	
3	
4	

一周后,你将检视本周的目标。

一周检视

现在，请你尝试圈出自己目标的达成度情况。

目标	达成度情况
1	达成度：☐ 0% ☐ 50% ☐ 100%
2	达成度：☐ 0% ☐ 50% ☐ 100%
3	达成度：☐ 0% ☐ 50% ☐ 100%
4	达成度：☐ 0% ☐ 50% ☐ 100%

综合上表的信息，哪些目标是你尚未达到的？

哪些原因使你未能达到目标?

例如,我不太熟悉那位员工。

你将如何达到你的目标?

．．．

．．．

．．．

．．．

．．．

．．．

．．．

现在，在你的企业内，你是倾向于用"人群取向"还是"任务取向"来管理你的员工？

☐ 人群取向（着重于支持员工，关心员工的心情和心理健康）；

☐ 任务取向（着重于工作的效率）；

☐ 两者都用。

进度检视

恭喜你,已经完成了关于体谅的练习。现在,请你检视以下有关体谅的达成度情况。(请选出符合你的情况的达成度比例,并用圆圈圈出。)

1. 承认人与人之间的差别。

    达成度

    0%　　　　　　　　50%　　　　　　　　100%

2. 站在他人的角度上思考问题。

    达成度

    0%　　　　　　　　50%　　　　　　　　100%

3. 感受到人与人之间的温暖和信任。

    达成度

    0%　　　　　　　　50%　　　　　　　　100%

共赢——与其他企业共赢

当你已经能够理解共赢,拥有气度,并可以做到尊重和体谅后,你就可以开始尝试与其他企业合作共赢,形成真正的共心力,产生"1+1>2"的效果。

你的企业现在有哪些合作伙伴?

你的合作伙伴属于哪个领域？

例如，我的合作伙伴是原料供货商。

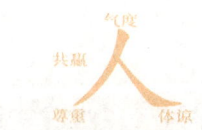

有没有其他领域的企业是你可以展开合作的?

现在,请你试想一下可以展开合作的新企业,记住,这些企业必须是你从未合作过的。

例如,你可以想想那些横向的竞争对手。

如果你与它们合作，可以获得什么利益呢？

例如，我和另一家公司合作共用同一个物流系统，并成功降低了运输成本。

与你合作的另一方又可以获得什么利益呢?

你会如何与它们展开合作呢?

例如，大家一起合作建造一套共享的信息系统。

如果你打算与它们进行合作，你会列出什么具体的计划呢？

例如，我打算先和它们联系并建立关系，再和它们谈合作的优势等。

你会如何制订你的合作计划？

（例如，在周一时联系它们，并和它们约定会议的时间。）

日程	计划
第一天	
第二天	
第三天	
第四天	
第五天	
第六天	
第七天	

现在，你已经订好了计划。等下周过完后，你需要检视一下这一周的成果。

一周检视

现在，试着评估一下你上周所定目标的达成度情况。

日程	达成度情况
第一天	达成度：☐ 0%　　☐ 50%　　☐ 100%
第二天	达成度：☐ 0%　　☐ 50%　　☐ 100%
第三天	达成度：☐ 0%　　☐ 50%　　☐ 100%
第四天	达成度：☐ 0%　　☐ 50%　　☐ 100%

续表

第五天	达成度：☐ 0%	☐ 50%	☐ 100%
第六天	达成度：☐ 0%	☐ 50%	☐ 100%
第七天	达成度：☐ 0%	☐ 50%	☐ 100%

你现在已经和这家公司展开合作了吗？

你预计此次合作你能够获得什么利益？

你预计与你合作的公司能获得什么利益？

....

....

....

....

....

....

....

....

....

....

你认为此次合作的结果会是：

☐ 我赢他输；

☐ 我输他赢；

☐ 共赢。

如果你认为双方不能达到共赢的话,那么,如何修正才可以达到共赢呢?

例如,锁定双方共同或有重叠的顾客群,合力去做好针对这些特定顾客群的营销工作,以达到共赢。

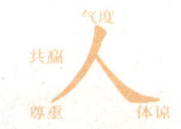

第三部分

总结补充

总 结 01

恭喜你，相信你现在已经可以与其他公司展开合作，并达到共赢了。当然，你也可以在日常生活中用共赢的心态去尊重他人，使社会更加和谐。

请你评估一下你在完成效率手册后拥有的气度的分数。（1分——最小气度，例如，我的目光很短浅，不能看到共赢。5分——最大气度，例如，我可以与众同乐，达到共赢。）

```
  1    2    3    4    5   （分）
最小气度                最大气度
```

请你评估一下你在完成效率手册后尊重他人方面的分数。（1分——极不尊重，例如，我常常以自己的意志取代别人的意志。5分——非常尊重，例如，我可以尊重自己的意志及他人的意志。）

```
         1     2     3     4     5    （分）
极不尊重                              非常尊重
```

请你评估一下你在完成效率手册后体谅别人的分数。（1分——极不体谅，例如，我完全不能从别人的角度出发看待问题。5分——非常体谅，例如，我可以从他人的角度看待问题，并体谅他人。）

```
         1     2     3     4     5    （分）
极不体谅                              非常体谅
```

现在，你已经有了共赢的心态，只要你抱着这个心态面对任何事物，世界和社会必定可以更加和谐。拥有此心态的每个人都会成为胜利者。

应 用 02

在完成本练习后,你可能在工作和生活中取得了很多成就。然而当你用这种模式去支持他人,令他人也像你一样发挥九点领导力时,他们同样也会面临一个心理调适的过程。教练能在心理调适过程中发挥巨大作用,让你在支持别人时得心应手。

为支持你在教练过程中练习、应用共赢能力,请仔细阅读以下教练策略。

1. 确定问题
- 协助学员找出问题的核心。

2. 以气度、尊重和体谅找出行动中与模式存在差异的地方
- 协助学员区分气度、尊重和体谅;
- 共赢就是把考虑的范围突破到自己之外的领域;

第三部分　总结补充

- 共赢就是不以自己的意志取代他人的意志；
- 共赢就是站在他人的角度上考虑问题。

3. 厘清目标和方向
- 协助学员厘清在该问题上的期望。

4. 列出差异所产生的后果
- 协助学员找出在该问题上的期望与行为的差异所造成的结果。

5. 找出不同的处理方式
- 协助学员列举不同的可能性。

6. 为自己做选择
- 让学员做选择。

请用一周的时间在日常生活中找一个案例练习。

1. 确定问题：

2. 以气度、尊重和体谅找出行动中与模式存在差异的地方：

3. 厘清目标和方向：

4. 列出差异所产生的后果：

5. 找出不同的处理方式：

6. 为自己做选择：

附录

下面是关于目标设定的 SMART 系统的详细介绍：

Specific，明确的；

Measurable，可测量的；

Attainable，可达到的；

Relevant，相关联的；

Trackable，可检视的。

Specific（明确的）

目标是清晰明确的。要直接、具体、清晰地说明什么时间做什么事，不仅让自己清晰明了，还要让别人一看就清晰明了。制订目标时不能用相对的时间或数量，如"15天内"或"增加30万元"等，而要用具体的、绝对的时间或数量，如"在今年12月31日，公司营业额达到100万美元"。

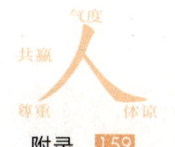

Measurable（可测量的）

目标可以被自己或他人测量。当目标明确的时候，即用具体的、确切的日期或数量时，目标便可以被测量。例如，用了多少时间，达到多少数量，非常清晰。若目标用形容词或程度副词来设定，如"在最短的时间内做到最好"等，因每个人对"最短"和"最好"的理解不同，是否达成目标就会变得很难衡量。

Attainable（可达到的）

这里有两层意思。

第一层意思是，目标有可能在设定的时间内达成，具有实际操作的意义，而不是一厢情愿的愿望、振奋人心的口号。如果目标不切实际、并不可行，不仅流于形式，还会给自己带来压力，影响自信心。如"我要在某年某月某日前带领我的团队完成整个部门的总营业额的 50%"等，在设定时要充分考虑是否有切实可行的步骤，是否真的可以做到。

第二层意思是，目标需要付出努力，而不是按照常规做法就能达成。例如，以一伸手就能摘到的果子作为目标没有意义，把需要用尽全身力气跳起来才能摘到的果子作为目标才有意义。假如平时的业绩已经达到每月 100 万元，目标还是设定为每月完成业绩 100 万元就显得没有意义，将目标设定为通过各种努力达到每月完成业绩 200 万元才有意义。

Relevant（相关联的）

这里也有两层意思：第一，目标与行动计划是相关联的，行动计划是围绕目标制订的。如目标是关于提升领导力，而行动计划却是关于公司业绩的，这二者就没有直接的关联。第二，目标与整体方向必须是相关联的、一致的。如目标是"我在某年某月某日（6个月内）将体重减至70千克"，而行动计划却是关于提升公司业绩的，那就没有直接的关联。又或者行动计划中只有2个月的计划是关于减肥的，倒不如把目标完成时间直接设定为2个月。当然，你可以把目标分设为几个不同方面的小目标，上述提及的只是目标和行动计划是否有联系或一致。

Trackable（可检视的）

在不同阶段，要根据行动计划的特征设定检视点。当你觉得自己偏离了方向，或想调整前进的速度，或有了新的体验和发现时，可以及时修正行动计划。如目标是"到某月某日（1个月内）将体重减至70千克"，并不是指到1个月结束时才去称体重，你可以天天称，也可以1周称1次，在行动计划中应该设定明确的检视点。

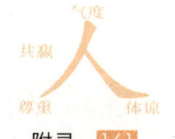

参考文献

［1］SMITH E R，MACKIE D M.Social Psychology [M]. 2nd ed. Philadelphia：Psychology Press，2000.

［2］弗洛姆.爱的艺术 [M].孟祥森，译.台北：志文出版社，1985.

［3］理查德·格理格，菲利普·津巴多.心理学与生活 [M].16 版.王垒，王甦，等，译.北京：人民邮电出版社，2003.

［4］申荷永.荣格与分析心理学 [M].广州：广东高等教育出版社，2004.

［5］中国就业培训技术指导中心，中国心理卫生协会.国家职业资格培训教程 心理咨询师 [M].北京：民族出版社，2005.

［6］黄荣华，梁立邦.人本教练模式 [M].北京：北京联合出版公司，2017.

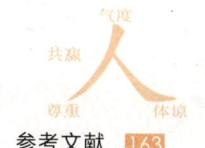